LE MARTYRE

DE SAINT SÉBASTIEN

In-12 5ᵉ série.

Oui, prince, dit le capitaine des gardes, je suis chrétien, et je m'en glorifie.

LE MARTYRE

DE

SAINT SÉBASTIEN

PAR A. S. DE DONCOURT

~~~~

LIBRAIRIE DE J. LEFORT

IMPRIMEUR ÉDITEUR

LILLE | PARIS
rue Charles de Muyssart, 24 | rue des Saints-Pères, 30

Propriété et droit de traduction réservés

AVANT - PROPOS

C'est une opinion accréditée dans le monde, que la vie des camps est incompatible avec les vertus et les obligations du christianisme.

Il suffit d'ouvrir l'histoire de notre belle France pour y puiser une foule de preuves contraires, et les noms des soldats chrétiens qui, à tous les âges de la monarchie, ont tenu l'épée avec honneur et vaillance formeraient une liste aussi longue qu'honorable.

C'est même une des meilleures traditions de la France, une de ses gloires les plus réelles et les plus éclatantes, que l'esprit éminemment chrétien qui a toujours et partout accompagné ou plutôt illustré son drapeau.

Toutefois ce n'est point à notre histoire nationale que nous voulons aujourd'hui demander des preuves de cette possibilité d'allier le service du souverain et de la patrie au service de Dieu. Nous remonterons plus haut, et aux soldats du dix-neuvième siècle nous montrerons les grands modèles sur lesquels se sont depuis quatorze siècles successivement formés leurs devanciers dans la carrière des armes.

Nous irons jusque dans Rome même, dans cette Rome des Césars, où s'agitaient, à côté de tant de vices et de bassesses, de si généreuses vertus, chercher nos modèles de loyauté et de vaillance comme sujet et soldat, et de fidélité plus parfaite encore, de vaillance plus héroïque, comme chrétien.

INTRODUCTION

I

Ainsi que le fait judicieusement observer un éminent écrivain[1], la manière succincte dont on étudie généralement la première période de l'histoire ecclésiastique, jointe au peu d'ordre chronologique qui existe dans les biographies des saints, telles que nous les lisons habituellement, sont de nature à accréditer les idées les plus inexactes sur nos ancêtres les premiers chrétiens.

Beaucoup de personnes, par exemple, se représentent les trois premiers siècles comme une époque de luttes et de tribulations incessantes, pendant laquelle les fidèles ne pouvaient accomplir que dans le secret des catacombes et

[1] Son Eminence le cardinal Wiseman.

au péril de leur vie les cérémonies du culte, de telle sorte que la religion, n'ayant que de rares occasions de se développer et de s'organiser, se bornait à exister.

D'autres, au contraire, s'imaginent que ces trois siècles ont été divisés en périodes par des persécutions distinctes, plus ou moins persistantes, mais séparées les unes des autres par des années de tranquillité complète.

Ces deux opinions étant également erronées, nous croyons, avant de raconter quelques épisodes de cette période si importante des premiers siècles du christianisme, devoir esquisser rapidement l'état de l'Eglise elle-même à cette époque.

On peut affirmer que la persécution, à dater du moment où elle se fut déchaînée sur l'Eglise, ne lâcha jamais entièrement sa proie jusqu'à la pacification finale sous Constantin. Un édit de persécution n'étant que bien rarement rapporté, la persécution existait en principe et pouvait au gré de chaque gouverneur de province être rallumée sans que Rome eût même à intervenir. De là, dans les intervalles des persécutions générales ordonnées par de nouveaux décrets, ce grand nombre de martyrs qui durent leur couronne à la fureur populaire ou à la haine contre le christianisme des proconsuls locaux; de là encore, ces persécutions partielles qui sévissaient sur telle ou telle partie de l'empire, tandis que le reste jouissait d'une tranquillité complète.

Quelques exemples choisis dans les différentes phases de ces épreuves expliqueront mieux que de longues dissertations les rapports qui existaient entre l'Eglise primitive et l'Etat.

Bien loin de prendre place parmi les empereurs cruels, Trajan, au contraire, nous apparaît dans le lointain de l'histoire comme un prince juste et équitable. Aucun nouvel édit ne fut publié en son nom contre les chrétiens, et cependant un grand nombre de glorieux martyrs confessèrent sous son règne le nom du Christ : tels furent saint Ignace à Rome et saint Siméon à Jérusalem. Lui-même écrivait à Pline le Jeune, gouverneur de Bithynie, qui le consultait au sujet des chrétiens : « Ne les recherchez point; mais si on les accuse, punissez-les. »

Adrien, qui ne décréta, lui non plus, aucune persécution, donna une réponse semblable à Sérénius Granianus, proconsul d'Asie, et, comme Trajan, il appuya ces paroles par l'exemple.

En effet, non-seulement le martyrologe nous présente sous son règne le supplice de l'héroïque Symphorose, qui subit le martyre à Tibur ou Tivoli avec ses sept fils, et celui d'un jeune officier nommé Marius, mais encore le grand apologiste saint Justin affirme qu'il dut sa conversion à la fermeté des martyrs sous cet empereur.

De même, avant les édits de Septime Sévère, beaucoup de chrétiens avaient enduré les tourments et la mort; et entre autres les célèbres martyrs de Scillita en Afrique, sainte Perpétue et sainte Félicité avec leurs compagnes. Dans les actes de ce martyre, on trouve le journal de sainte Perpétue — une patricienne de vingt ans! — écrit par elle-même la veille de sa mort. Ce précieux document forme une des pages les plus touchantes et les plus admirables des annales de la primitive Église.

Il ressort de ces faits que si de temps à autre une persécution plus rigoureuse s'élevait dans l'empire, il y avait parfois aussi des suspensions partielles, locales, quelquefois même générales, pendant lesquelles la religion s'affirmait, non-seulement dans la pratique, dans l'érection de temples, mais encore sur les lèvres et dans les écrits de savants panégyristes s'adressant aux magistrats eux-mêmes.

Ainsi Scapula, proconsul d'Afrique, ayant prolongé les rigueurs de la persécution de Sévère bien après qu'elles se furent ralenties sur les autres points de l'empire, fut frappé d'une maladie soudaine et grave. Tertullien aussitôt lui adressa une lettre par laquelle il l'adjurait de considérer comme un avertissement cette visite de Dieu, et de se repentir de ses crimes. A ce sujet il entrait dans le détail des châtiments infligés aux ennemis du Christ, et il ajoutait que toutefois la charité des chrétiens était telle, que l'Eglise d'Afrique priait avec ferveur pour sa guérison à lui qui l'avait si cruellement persécutée.

« Ne pouvez-vous donc pas, disait-il en terminant, ne pouvez-vous pas demeurer fidèle à l'empereur et vous acquitter des devoirs de votre charge, sans poursuivre les chrétiens, ainsi que tant d'autres magistrats l'ont fait et le font chaque jour. Ont-ils donc terni leur gloire et compromis leurs intérêts les Cincius Severus qui suggérait aux accusés les réponses nécessaires pour être absous; Vesproius Candidus renvoyant un chrétien sous le prétexte que sa condamnation susciterait des troubles ; Asper qui, voyant un prêtre sur le point de céder à de légers tourments, refusa de le presser davantage et se plaignit de ce qu'on eût appelé devant lui une semblable cause ; Pudens qui ayant lu un acte d'accusation, le déclara irrégulier, calomnieux, et le déchira ?... »

On le voit, sauf les moments où les empereurs, ennemis personnels du nom chrétien, envoyaient dans les provinces des agents spéciaux chargés de stimuler la persécution, tout dépendait du caractère et des inclinations des magistrats. Saint Ambroise nous apprend à ce sujet que tel gouverneur se glorifiait hautement, et tout païen qu'il était, d'avoir rapporté de sa province un glaive pur de sang chrétien.

Par un privilège exceptionnel, Rome comme centre de la civilisation païenne et aussi peut-être parce qu'il lui fallait acheter à un prix tout particulier la gloire attachée à ce titre de capitale de l'univers chrétien, qui allait ratifier et continuer le nom de maîtresse du monde qu'elle portait déjà, — Rome, disons-nous, fut la ville la plus constamment exposée aux explosions hostiles de l'esprit païen. Aussi fut-il donné à ses pontifes, pendant les trois premiers siècles, de rendre pour la foi le témoignage du sang.

L'élection à la papauté était alors comme une promesse du martyre.

II

Le temps où se passe l'histoire que nous allons raconter, était un de ces longs intervalles de paix, qui, en donnant à l'Eglise une liberté relative, lui permettaient de prendre un grand essor.

Depuis la mort de Valérius (268), il n'y avait pas eu de nouvelle persécution formelle, bien que plusieurs nobles victimes eussent continué la chaîne auguste des martyrs. Le culte religieux avait donc pu s'organiser à Rome avec une grande régularité et même avec splendeur. La ville était divisée en districts ou paroisses ayant chacune son *titre*, et chaque paroisse était desservie par des prêtres, des diacres et des ministres inférieurs. On assistait les pauvres, on visitait les malades, on instruisait les catéchumènes, on administrait les sacrements, on exerçait le culte quotidien, et le clergé de chaque église appliquait les canons pénitentiaires.

Les tombeaux des martyrs aux catacombes continuaient à être honorés par les fidèles, et on y entretenait avec soin un asile pour le cas de persécution ; mais on ne s'en servait qu'exceptionnellement pour les cérémonies du culte. Ces cérémonies avaient lieu dans les églises, dont quelques-unes étaient publiques, vastes et même magnifiques. Beaucoup de païens avaient l'habitude d'assister aux instructions qui s'y faisaient et à la partie de la liturgie où l'on admettait les catéchumènes. Cependant des maisons particulières servaient plus généralement de lieu de réunion aux chrétiens ; leurs *triclinia*, ou vastes salles affectées dans les demeures patriciennes à la réception des clients du maître, étaient en ce cas transformés en sanctuaires.

Mais par quel miracle permanent ces multitudes considérables parvenaient-elles à s'assembler régulièrement sans attirer l'attention et par suite la persécution ?

Les habitudes de la vie romaine venaient ici merveilleusement en aide aux fidèles. Dans chaque maison patricienne, le chef de famille tenait tous les matins ce que nous appelerions un lever, auquel assistaient les subalternes et les clients, ainsi que les messagers, esclaves ou affranchis qu'envoyaient les amis. Quelques-uns de ces visiteurs étaient congédiés immédiatement ; d'autres étaient admis dans la cour intérieure, auprès du maître.

Des centaines de personnes pouvaient ainsi être admises dans une maison de certaine importance, y entrer et en sortir, outre la foule des esclaves domestiques, des marchands et fournisseurs, ayant accès par la porte principale ou par les portes de service, sans que l'attention publique en fût éveillée.

Le secret que les premiers chrétiens parvenaient à garder n'est pas moins surprenant. Il existait des chrétiens jusque dans les premiers rangs de la société romaine; plusieurs occupaient des charges publiques éminentes, sans que personne, pas même leurs amis les plus intimes, soupçonnât leur foi ; souvent même les plus proches parents l'ignoraient. Néanmoins le mensonge, la dissimulation, aucun acte incompatible avec la morale chrétienne n'était toléré pour assurer un pareil secret; mais on usait de toutes les précautions que l'esprit de droiture ne répudie point, pour cacher en public la profession du christianisme. C'était pour chacun un devoir, car c'était la sécurité de tous.

Quelque indispensable que fût cette prudence pour empêcher de nouvelles persécutions, elle était imputée à crime aux chrétiens par la société païenne, qui enveloppée, pénétrée par une doctrine mystérieuse et puissante, se répandant on ne savait comment et conquérant un ascendant dont on ignorait la source, réagissait d'autant plus violemment contre cette puissance secrète, qu'elle ne savait au juste de quel côté venait le danger et sur quel point elle était menacée.

Mais comment incriminer une foi toute divine? Les calomnies évoquées contre elle n'eussent point résisté à la mise en lumière d'un interrogatoire détaillé et de preuves légales. On imagina de déclarer les chrétiens coupables de crimes de lèze-majesté envers les Césars, et cela suffit pendant trois siècles pour les envoyer par milliers à la mort, sans que la conduite la plus irréprochable et la revendication des droits plus légitimes de la vie civile pussent les dérober au martyre.

L'appareil dont on entourait leur supplice servait de spectacle pour amuser le peuple, détourner son attention des turpitudes honteuses de l'autorité souveraine et du patriciat, et entretenir ces instincts de violence et de cruauté fiévreuse que l'ambition et la politique du monde païen mettaient si souvent à profit.

Les chrétiens étaient aussi une sorte de bouclier que la tyrannie insensée des empereurs plaçait à l'occasion entre eux et le peuple.

Ainsi Néron s'amuse à incendier Rome, et à la population qui veut à tout prix venger l'incendie, il désigne les chrétiens !... Cet exemple ne sera pas perdu. Pendant trois siècles, il n'y aura point de fléaux, point de calamités publiques, point de fautes ou de malheurs dans l'État, que les disciples du Dieu de paix et d'amour n'en soient rendus responsables.

La persécution, en servant ainsi et à la fois les ambitions, les intérêts des grands et les passions de la foule, fournissait aux haines privées et à la cupidité des individus et des familles une source inépuisable de satisfactions ; on ne s'étonnera donc point de la facilité que trouva Satan à en déchaîner les fureurs sur cette Eglise glorieuse et puissante, à qui il avait été donné de combattre et de détruire son empire sur les âmes.

SAINT SÉBASTIEN

I

Vers la fin du troisième siècle, se faisait remarquer, parmi les hauts dignitaires de l'empire, un jeune officier que ses qualités personnelles, bien plus encore que sa naissance, avaient élevé, presque au sortir de l'adolescence, à une des charges les plus importantes de la maison militaire des Césars.

C'était Sébastien[1], le sage tribun, le vaillant commandeur de la garde prétorienne.

[1] Narbonne et Milan se disputent saintement l'honneur d'avoir vu naître saint Sébastien. Il est aisé d'accorder ce différent, en faisant remarquer que le glorieux martyr appartient aux deux

Dioclétien en Orient et Maximien Hercule à Rome l'honoraient tous deux de la plus grande confiance. Cette confiance, il l'avait conquise par sa vaillance sur les champs de bataille, et il la conservait par sa prudence dans le conseil, et surtout par sa fidélité et son dévouement à toute épreuve.

À peine âgé de trente ans à l'époque où nous le présentons à nos lecteurs, il possédait au suprême degré les qualités aimables qui séduisent les cœurs et les enchaînent ; aussi jouissait-il à Rome d'une unanime popularité. On l'admirait et on le chérissait.

Bien fait de sa personne, élégant en dépit d'une simplicité qui chez tout autre eût fait tache au milieu de la splendeur des mœurs romaines, il montrait en toute occasion une courtoisie de manières qui imposait le respect aux plus fiers patriciens et le faisait l'égal sinon le supérieur de tous.

Doué d'une intelligence remarquable, qu'avaient développée et sagement dirigée une éducation distinguée, une instruction sérieuse et profonde,

---

cités : à Narbonne, patrie de ses père et où lui-même naquit ; à Milan, patrie de sa mère, qui l'y amena fort jeune et où s'écoula sa première enfance.

il possédait à un haut degré l'art de la parole ; mais cet art séduisant, il ne s'en servait que pour défendre quelque noble cause, servir de grands et légitimes intérêts, ou exprimer de généreux sentiments. Alors seulement il laissait déborder l'ardeur qui remplissait son âme, et qu'il exprimait avec l'éloquence chaleureuse mais contenue qui indique un esprit toujours maître de lui-même, bien que passionné pour le bon et le beau. Quant à ces sujets frivoles qui défrayaient alors, comme ils le font encore de notre temps, les conversations de ce qu'on appelle le monde, Sébastien, qui eût pu si aisément y briller de manière à n'y rencontrer que peu de rivaux, s'abstenait autant que possible d'y prendre part. Lorsque les convenances exigeaient qu'il s'y mêlât, il ne le faisait qu'avec une visible indifférence.

Tout en donnant un charme inexprimable au caractère du brillant officier, ces singularités que rien n'expliquait dans le milieu où il vivait, et qui n'avaient point de précédent dans la société païenne, étonnaient à bon droit et contribuaient plus peut-être que ses qualités mêmes à appeler l'attention sur lui.

L'austérité connue de ses mœurs, son dédain

pour le luxe et la mollesse qui régnaient sans partage à Rome, son désintéressement et l'intégrité qui éclataient dans ses moindres actions, tout contribuait à le placer à part dans cette cour des Césars, où régnaient les vices les plus opposés aux vertus qu'il pratiquait avec autant d'exactitude que de simplicité.

En dépit des ressemblances morales existant entre eux, Maximien se sentait attiré vers Sébastien par une force qu'il ne s'expliquait point et qui n'était autre chose que l'hommage tacite que le vice rend à la vertu, la lâcheté à la bravoure, l'astuce à la franchise. Les tyrans d'ailleurs ont comme un instinct particulier pour distinguer les flatteurs complaisants des serviteurs dévoués, et s'ils recherchent les premiers pour en faire les compagnons de leurs excès, ils comprennent qu'ils ne peuvent s'appuyer avec quelque sécurité que sur les seconds.

Maximien sentait que, par ses vertus mêmes, Sébastien était le plus ferme appui de son trône.

Il n'était pas dans Rome une famille qui n'eût tenu à honneur l'alliance d'un homme aussi haut placé dans la confiance, on pourrait dire dans l'intimité du prince en même temps que dans l'opinion publique; mais soit que son ambition fût telle qu'il ne trouvât pas une fiancée digne de lui dans la capitale du monde, soit que son cœur eût déjà donné ses affections, Sébastien demeurait froid et insensible à toutes les avances qui lui étaient faites à cet égard.

Dans le monde, les uns s'étonnaient de cette obstination à refuser de jeter, par un brillant mariage, les fondements d'une maison puissante et illustre; les autres se demandaient comment ce cœur ardent et affectueux dépensait les trésors de tendresse que révélaient parfois l'éclair d'un regard, le feu d'une parole.

Ah! si, quittant leurs demeures somptueuses, ces élégantes patriciennes, ces fiers chevaliers avaient pu suivre Sébastien, alors qu'enveloppé dans un manteau grossier, il allait, perdu dans la foule des prolétaires, étudier de près la misère, les besoins de ceux qui souffrent, pour les soulager et y remédier, recueillir les paroles de découragement et de colère pour les adoucir, un amour plus vaste et plus fort que l'amour si grand et si saint cependant de la famille se fût révélé à eux. Mais le temps n'était point encore venu où le voile devait être levé pour tous, et ce n'était qu'à l'état d'exception que la lumière qui éclairait Sébastien pouvait illuminer les cœurs.

II

« On reconnaît, a dit le divin Sauveur, l'arbre à son fruit. » Après le portrait que nous venons de tracer, aurions nous donc à apprendre à nos lecteurs que Sébastien était chrétien?

Quel autre arbre que l'arbre divin de la Croix eût pu produire dans le cœur d'un courtisan et d'un soldat des fruits aussi admirabl es Certes il y avait là un rayonnement de l'Evangile si vif, si éclatant, qu'il fallait toute l'opacité des ténèbres du paganisme pour que Rome entière n'en fût pas pénétrée et réchauffée.

Oui, Sébastien était chrétien de cœur et d'affection, et s'il ne faisait pas extérieurement profession du christianisme, c'est, disent ses historiens, parce que voyant plusieurs personnes faibles se laisser entraîner par le torrent de la persécution que l'empereur avait suscitée, il crut qu'il était expédient pour le service de

Dieu qu'il se tint caché, afin de pouvoir secourir ses frères avec plus de facilité, jusqu'à ce qu'il fût temps de se découvrir et de mourir avec eux. En attendant, il s'employait à visiter ceux qui étaient prisonniers pour Jésus-Christ, à pourvoir à leurs nécessités, à leur donner courage dans les tourments, et à retenir dans la fidélité ceux qui étaient près d'être vaincus, combattant ainsi le bon combat non-seulement pour lui, mais encore pour les âmes que l'ennemi s'efforçait de ravir au Sauveur.

Et Celui qui ne se laisse jamais vaincre en générosité récompensa son serviteur par le don le plus précieux et le plus élevé qu'il puisse accorder à la créature : celui d'opérer des miracles.

Mais laissons au récit des faits le soin de mettre en lumière les faveurs célestes accordées à notre héros.

Pendant que Sébastien, mettant à profit la confiance qu'il avait inspirée à Maximien, employait son influence à propager la foi et à protéger les fidèles, les empereurs, croyant leur autorité menacée par les progrès visibles que faisaient, sinon le christianisme même, du moins les tendances chrétiennes, suscitèrent une des plus violentes persécutions dont l'Eglise ait eu à souffrir.

Beaucoup de chrétiens furent arrêtés et envoyés à la mort. Parmi les prisonniers, deux frères jumeaux, Marc et Marcellin, fils de Tranquillin et de Marcia, de la meilleure noblesse de Rome, tous deux mariés et pères de famille, excitèrent vivement la curiosité publique et l'intérêt général.

Déjà condamnés, ils attendaient que le jour de leur martyre fût fixé, lorsque leurs parents, admis à les voir, les ayant suppliés avec larmes de se sauver par l'apostasie, ils promirent de réfléchir. Cette promesse eut dans Rome un retentissement pour le moins égal à celui qu'avaient eu le procès des deux frères et les sentences qui l'avaient suivi.

Presque immédiatement Sébastien l'apprenait au cercle même de l'empereur, qui se félicitait par avance de ce triomphe enfin obtenu par les divinités de l'empire sur le Dieu de l'Evangile. Accoutumé à marcher à l'ennemi sans s'inquiéter de ses forces, le soldat de Jésus-Christ, sans se préoccuper des suites que pouvait avoir son intervention dans une affaire de cette importance, aussitôt que son service le lui permet, quitte le palais de Maximien, et vole à la prison des deux frères, où il apparaît tel qu'un ange de lumière.

Les coutumes romaines laissaient aux magistrats chargés de la garde des captifs le soin de choisir le local qui leur servait de prison. Or l'empereur ayant accordé aux prières de Tranquillin, afin de lui donner le temps d'achever d'ébranler la constance de ses fils, un sursis de trente jours à l'exécution de leur sentence, Nicostrate le magistrat, par égard pour les qualités des coupables et pour le rang occupé par leur famille, leur avait donné sa propre demeure pour prison. Cette circonstance augmentait d'autant plus le péril de la démarche faite par Sébastien, que les condamnés étaient sans cesse entourés d'une foule nombreuse de parents et d'amis mettant tout en œuvre pour les séduire. Tantôt c'étaient leurs anciens compagnons de plaisirs qui s'ingéniaient à faire revivre devant leur imagination les richesses, les dignités, les fêtes dont ils avaient joui dans le passé et qu'il leur était facile de recouvrer par un seul mot. Tantôt c'étaient des vieillards aimés et vénérés, un père et une mère qui, se traînant à leurs pieds, les suppliaient d'épargner à leur vieillesse la douleur de les voir mourir ignominieusement. Marcia les adjurait, par les douleurs que lui avait coûtées leur naissance, par les peines qu'elle avait eues à les nourrir et à les élever, par les soins qu'elle s'était donnés pour les marier avantageusement, de ne point se rendre coupables de sa mort, car, affirmait-elle, elle sentait en son cœur qu'elle ne pourrait leur survivre. Tranquillin, sentant qu'il ne pourrait égaler l'éloquence d'une mère, et d'ailleurs affaibli par les douleurs aigües de la goutte, se taisait; mais que ses larmes étaient éloquentes! quel cœur de pierre eût résisté aux sanglots de cet homme, dont la mâle énergie ne s'était jamais démentie, et qui aujourd'hui, embrassant ses bien-aimés enfants avec tous les transports de l'amour paternel, n'avait plus la force de les attendrir autrement que par le spectacle de sa faiblesse? A ces assauts succédaient les supplications et les tendres caresses de leurs femmes, les cris de leurs jeunes enfants s'attachant à leurs vêtements et invoquant leur pitié....

Certes, c'était plus qu'il n'en fallait pour ébranler des cœurs que la grâce eût abandonnés; mais le Seigneur veillait sur ses enfants bien-aimés, et au moment où leur constance semblait près de fléchir, il leur envoya son serviteur Sébastien, qu'il marqua du signe de sa puissance, afin d'augmenter son triomphe de toute la force des obstacles qui semblaient devoir s'y opposer.

Au moment où le capitaine de la garde patricienne pénétra dans la prison, non-seulement toute la famille des deux frères y était réunie, mais encore s'y trouvaient seize autres prisonniers païens, Claudius leur geôlier, et enfin Nicostrate et sa femme Zoé.

Comment espérer que, dans cette foule de gens hostiles à la foi, un seul pût ne pas s'élever contre lui aussitôt qu'il se serait avoué chrétien? Mais qu'importait à Sébastien? Si, au lieu de deux victimes, trois étaient offertes au Seigneur, tant mieux! Il ne redoutait qu'une chose : c'est que les martyrs ne fissent défaut à la couronne qui les attendait.

Nicostrate avait donné pour prison aux captifs une salle de banquet fort spacieuse et qui, demandant peu de clarté parce qu'elle était rarement occupée le jour, ne recevait de lumière que par en haut. Sébastien eut donc pu, en demeurant dans l'ombre, se réserver la chance de dissimuler sa visite à une partie au moins des assistants. Dans sa loyauté de soldat et de chrétien, il ne peut se résoudre à recourir à ce misérable calcul. L'œuvre de Dieu, il la fera, comme il a fait son devoir de citoyen et de soldat, à la face du ciel. Bien loin donc de fuir la lumière, il se place sous le rayon de soleil qui descend du dôme et qui, tombant d'aplomb sur l'or et les pierreries de sa riche armure, en fait jaillir de vives étincelles. Tel l'archange Michel prêt à terrasser Lucifer dut apparaître aux regards éblouis des anges déchus.

Cependant Sébastien, la tête nue, les yeux fixés au ciel, invoque l'aide de Dieu. Tout à coup son regard s'abaisse sur les confesseurs ébranlés, et la pensée du péril que court leur âme, met dans ce regard une expression si douce et si tendre qu'il va droit aux cœurs qu'il veut ramener.

« Saints et vénérables frères, s'écrie-t-il. vous avez rendu témoignage au Christ ; vous êtes emprisonnés pour lui ; vos membres portent des chaînes pour son amour. Je devrais, ô glorieux défenseurs de la foi, tomber à vos pieds, vous rendre hommage, implorer vos prières, au lieu de me présenter à vous pour vous exhorter et peut-être vous réprimander !... Serait-il possible que ce que l'on affirme soit exact ! Serait-il possible que, pendant que les anges préparent la dernière fleur de votre couronne, vous songiez à éloigner cette couronne de votre front ? que dis-je ?... à en arracher et en disperser les fleurs ?... Serait-il possible que, touchant déjà au seuil du royaume de Dieu, vous songiez à vous replonger dans la vallée des larmes et de l'exil ?... »

Et comme à cette véhémente interpellation les deux frères détournaient leurs yeux humides, Sébastien continua :

« Vous ne pouvez soutenir le regard d'un homme qui est le dernier entre les serviteurs du Christ : comment donc espérez-vous pouvoir affronter l'œil courroucé du Seigneur que vous aurez renié devant les hommes ? que deviendrez-vous en ce jour terrible où à son tour il vous reniera devant les anges ?...

» O soldats du Roi des rois Jésus-Christ, ne repoussez pas la gloire qui vous est offerte. Tenez bon en ce combat suprême et ne vous laissez pas vaincre par l'ennemi. Que l'appréhension de la mort, qui pourrait vaincre des lâches, ne fasse point impression sur vous ; que votre cœur ne soit pas plus ébranlé par les pleurs de vos parents que par les cris et les plaintes de vos enfants. Celui qui est résolu d'obéir à Dieu ne peut recevoir de mal qu'en apparence par ceux qui attentent à sa vie, et quiconque aspire à la gloire et à la félicité éternelles méprise les honneurs de la terre.

« Faites voir à vos parents, à vos alliés et à vos amis que le véritable soldat de Jésus-Christ résiste aisément, avec le bouclier de la foi et le feu de la charité aux riantes séductions du plaisir, aux rudes coups des tourments et à l'épouvante même de la mort, quand ils le veulent détourner de l'amour qu'il doit avoir pour la croix et pour Celui qui en a fait le gage de la rédemption. Vous êtes réduits au point, ou de perdre tous ceux qui sont ici, ou de vous perdre vous-mêmes en perdant Jésus-Christ... Quoi! ne saviez vous pas que votre mort attristerait vos parents, vos femmes et vos enfants? Néanmoins vous avez passé par dessus tout cela pour conquérir le royaume éternel. Serait-il possible que les larmes pussent vaincre à cette heure ce qui a été jusqu'ici invincible aux larmes et aux douleurs? En vous voyant si lâchement vaincus et pervertis, les gentils n'auraient-ils pas raison de se moquer de votre constance qu'ils appellent obstination? Non, non, l'amour des vôtres n'aura point le pouvoir de vous faire perdre ce que vous avez gagné au prix de votre liberté et de votre sang ! »

Une voix suppliante interrompit à ces mots l'héroïque tribun; c'était celle de Tranquillin le père des deux martyrs.

« Eh quoi ! s'écria-t-il, pouvez-vous appeler sainte une religion qui blâme des fils de se rendre aux prières et aux larmes de leurs parents, qui leur ordonne de livrer à l'abandon et à la misère leur femme et leurs enfants? »

Sébastien se tourna vers le vieillard, et d'un accent qui alla droit au cœur des assistants :

« Ne vous irritez pas, dit-il, si ces enfants que vous chérissez se séparent de vous; car s'ils vous affligent en ce moment, c'est pour vous frayer le chemin, pour vous faire connaître la vérité par laquelle vous leur serez éternellement unis dans le royaume des cieux, dans ce paradis qui est promis aux chrétiens fidèles et où se trouve la source inépuisable d'une vie incapable d'altération. C'est pourquoi, vous tous qui m'entendez, séchez vos larmes et acclamez généreusement le triomphe de ces saints martyrs par le mérite desquels, j'en ai la confiance, vous serez un jour éclairés....

— Assez, assez, Sébastien, s'écrièrent les deux frères, nous sommes résolus. »

Et se tournant vers le magistrat et le geolier :

« Qu'on nous remette nos fers, ajoutèrent-ils ; ils sont mille fois plus légers à nos corps affaiblis par les tourments, que les remords causés par notre hésitation n'étaient tout à l'heure lourds pour notre âme. Qu'on nous conduise à la mort; car il est meilleur de mourir pour Jésus-Christ que de vivre infidèles à sa loi sainte.

A ce moment un spectacle magnifique pénétrait tous les assistants de respect et d'admiration.

Une vive lumière s'était répandue dans la salle et brillait surtout à la place qu'occupait Sébastien, qui se trouvait ainsi entouré d'une sorte d'auréole. Et au milieu de cette clarté, Notre-Seigneur apparut avec sept anges qui l'escortaient et lui rendaient hommage. Et le très-aimable Sauveur, se penchant vers Sébastien, lui donna le baiser de paix, lui disant :

« Tu seras toujours avec moi. »

Cependant Nicostrate, s'approchant de Sébastien, lui dit :

« Je ne puis m'empêcher d'admirer la

hardiesse de ta foi et la générosité de ton cœur ;
mais les ordres des empereurs sont positifs.
Retire-toi donc, afin que je remplisse mon
devoir.

— Ton devoir n'est-il pas d'obéir à la foi
qui vient d'entrer en ton âme ?

— Tu te trompes. Je ne saurais me rendre
si vite ni si aisément. Il me faut des preuves
plus fortes que ta recette elle-même.

Alors Zoé, la femme de Nicostrate, sortant
de la foule qui l'entourait, vint tomber aux
pieds du tribun.

Sébastien la releva avec bonté, et lui montrant Nicostrate :

« Joins-toi à moi, lui dit-il, épouse fidèle,
parle au cœur de ton mari ; communique-lui
un rayon de la lumière qui t'éclaire en ce
moment. »

Zoé fixa sur le saint un regard désolé et
éclata en sanglots.

« Ne sais-tu pas, interrompit Nicostrate,
que la pauvre femme est muette ? depuis six
ans sa langue paralysée ne peut plus rendre
que des sons confus. »

Sébastien garda quelques instants le silence ;
il était aisé de voir que, recueilli en lui-même,

il consultait Dieu. Tout à coup ses mains s'élevèrent vers le ciel, ses lèvres s'ouvrirent :

« O Père tout puissant ! s'écria-t-il dans un indicible élan de ferveur, daignez achever cette œuvre que vous avez si miséricordieusement commencée. Manifestez votre puissance par l'intermédiaire du plus faible et du plus misérable de vos serviteurs. Permettez que, malgré mon indignité, j'emploie l'arme victorieuse de la croix pour mettre en fuite les esprits de ténèbres.

Alors, traçant le signe du salut sur la bouche de la matronne :

« Zoé, dit-il, réponds, crois-tu ?

— Oui, je crois en Notre-Seigneur Jésus-Christ, » répondit Zoé d'une voix claire et distincte.

Et pour la seconde fois elle tomba aux pieds du saint. Mais cette fois elle n'y était pas seule. A côté d'elle Nicostrate, prosterné, fondait en larmes et répétait au milieu de ses sanglots :

« Je suis vaincu, ô Sébastien !... Je crois, je crois.... »

Puis, des pieds du tribun passant à ceux de Marc et de Marcellin :

« J'étais aveugle, leur dit-il ; mais, grâce au

Seigneur Dieu, mes yeux sont dessillés. Pardonnez-moi donc, ô mes frères, pardonnez-moi les tortures que je vous ai infligées. Vous êtes libres désormais. »

Les deux frères bénissaient le Ciel des merveilles accomplies par la grâce divine, et leurs regards s'attachaient avec amour sur les membres de leur propre famille qui les entouraient tout en larmes. Et dans leur cœur, ils disaient à Dieu :

« Et ceux-là, Seigneur, les laisserez-vous dans les ténèbres ? »

Le Seigneur entendit cet appel muet, et ce fut Tranquillin qu'il chargea de répondre en son nom :

« Dès ce moment, déclara-t-il spontanément, je suis chrétien comme mes fils. Nous ne nous séparerons ni dans la vie ni dans la mort.

— Et moi, ajouta Marcia, je m'associe à mon mari et à mes enfants.

— Et nous aussi ! et nous aussi ! » s'écrièrent à l'envi les femmes et les enfants des saints confesseurs.

Les membres de cette heureuse famille, et avec eux Nicostrate et Zoé, supplièrent alors Sébastien de les admettre au baptême, afin, disaient-ils, que si la vengeance de l'empereur les envoyait au martyre, ils ne descendissent dans l'arène que vêtus déjà de la livrée du Christ et enfants de la sainte Eglise.

Sébastien demanda qu'on allât chercher les criminels détenus en ce moment dans la prison, afin que tous pussent entendre la parole de vie et en rassasier leurs âmes.

Sur l'ordre de Nicostrate, le greffier criminel Claude, ayant congédié les ministres de la justice, amena les prisonniers que Nicostrate présenta au glorieux tribun. Celui-ci leur proposa des raisonnements si forts et des preuves si convaincantes, que, Dieu pénétrant leur intelligence et leur cœur de la lumière du Saint-Esprit, ils connurent les erreurs de leur vie passée et le néant de leurs croyances. Ils se convertirent tous à la foi de Jésus-Christ et accusèrent leurs fautes avec les larmes salutaires du repentir.

Il y en eut soixante-quatre qui, en cette occasion, se firent chrétiens : Tranquillin, sa femme, ses belles-filles, ses petits enfants et leurs amis ; Nicostrate, sa femme et sa famille qui était composée de trente-trois personnes ; enfin les seize malfaiteurs qui avaient été amenés de la prison.

Polycarpe, prêtre de Jésus-Christ, les baptisa tous, après avoir jeûné ce jour-là jusqu'à la nuit, et offert à Notre-Seigneur un sacrifice d'oraison et de louanges.

Sébastien fut le père spirituel et le parrain de tous ces nouveaux fidèles.

Parmi ceux qui furent baptisés, il y avait quelques malades, qui furent guéris par la vertu du saint baptême; notamment Tranquillin, qui depuis onze ans était tourmenté par la goutte, et deux enfants du greffier Claude, l'un hydropique et l'autre couvert de pustules.

II

Nicostrate, qui devait compte de ses prisonniers à Chromace, préfet de la ville, ne put lui dissimuler longtemps les événements qui s'étaient accomplis en sa demeure.

Cette révélation devait décider de la vie ou de la mort de tous les nouveaux chrétiens; mais fortifiés par le baptême, s'encourageant les uns les autres à la foi et au service de Jésus-

Christ, ils étaient prêts également à vivre ou à mourir pour lui.

Chromace, homme loyal et ennemi de la persécution, écouta avec intérêt le récit du magistrat. Lorsqu'il apprit la guérison de Tranquillin, il fut vivement impressionné; car victime du même mal, il souffrait d'intolérables douleurs.

Il désira voir Tranquillin, afin de se renseigner plus complètement.

« Eh bien, lui demanda-t-il, qu'ont résolu tes fils? leur as-tu persuadé de sacrifier aux dieux et d'obéir aux empereurs? »

Tranquillin répondit avec l'accent de la conviction la plus profonde :

« Mes enfants sont bien heureux, et je partage leur bonheur depuis que Dieu m'a fait connaître la vertu de la religion chrétienne.

— As-tu donc perdu le sens sur la fin de tes jours?

— Celui-là a perdu le sens, dit le courageux vieillard, qui laisse le chemin de la vie pour suivre celui de la mort.

— De quelle vie et de quelle mort parles-tu? demanda le préfet.

— Ecoutez-moi avec attention, et vous serez

bien heureux en votre âme, vous et tous ceux de votre maison.

— Je t'écouterai attentivement ; mais prends garde de rien avancer que tu ne puisses prouver. »

Tranquillin exposa à Chromace, dans le plus grand détail, les mystères de notre foi. Il satisfit à toutes les objections, et lui affirma la vérité de sa guérison, ainsi que des miracles opérés sous ses yeux en faveur de Zoé.

Le préfet l'écouta avec le plus vif intérêt, et à demi convaincu déjà, il lui dit en le congédiant :

« Si je pouvais expérimenter personnellement l'efficacité de ce puissant remède, je ne résisterais certainement point à l'évidence. »

Le lendemain, et après avoir passé les longues heures de la nuit à méditer sur ce que lui avaient dit Nicostrate et Tranquillin, Chromace envoya prier Sébastien de venir le visiter.

Sébastien se hâta de se rendre à cet appel. La conversation de la veille fut reprise et développée encore. Chromace conclut de même :

« Que ton Dieu me guérisse comme il a

guéri Tranquillin, et je reconnaîtrai sa puissance. Baptise-moi donc, afin qu'après avoir expérimenté la vertu de ce sacrement, je croie en celui à qui je devrai la santé. »

Administrer ainsi le saint baptême sans qu'il fût précédé de la foi, c'eût été une profanation du sacrement. Sébastien déclara donc au préfet qu'il ne pouvait satisfaire à son désir; toutefois il lui donna l'espoir d'obtenir sa guérison par quelque autre moyen.

En le quittant, il se rendit dans l'assemblée des fidèles et les exhorta de se joindre à lui pour supplier le Seigneur de lui ouvrir le chemin de ce cœur si bien disposé à reconnaître la vérité.

Voici ce que le Seigneur lui inspira. Chromace était renommé par la quantité d'idoles qui ornaient son palais et son jardin. Sébastien lui déclara qu'il recouvrerait la santé s'il consentait à les détruire toutes.

Déjà éclairé par un rayon de la grâce, Chromace accepta cette condition toute rigoureuse qu'elle dût lui paraître. Tiburce, son fils, furieux de cette décision, qui, à ses yeux, était non-seulement un outrage fait aux divinités de l'empire et à celles de la famille, mais encore un sacrifice artistique et pécuniaire fort considérable, attendu que parmi les idoles figuraient des statues du plus grand prix, — Tiburce, disons-nous, après avoir fait tous ses efforts pour détourner son père de cette résolution, protesta que si la promesse de Sébastien ne se réalisait point, il le ferait jeter, lui et Polycarpe, dans une fournaise ardente.

En un seul jour deux cents statues païennes furent mises en morceaux tant à la maison de ville de Chromace qu'à sa magnifique villa.

La condition était remplie, et cependant Chromace ne guérissait pas. On envoya chercher Sébastien, qui, malgré la faveur dont il jouissait auprès de l'empereur, fut reçu avec colère et menaces.

« Où est donc la puissance de ton Dieu ? lui demanda Tiburce. Mon père a fait ce que tu lui as demandé en son nom, et au lieu de disparaître, voici que ses douleurs s'aggravent. »

Calme et impassible, Sébastien répondit :

« Si mon Dieu ne tient pas la promesse que j'ai faite en son nom, c'est que les idoles qui devaient être brisées n'ont pas été toutes détruites.

— Crois-tu donc que nous voudrions te tromper ?

— Non, mais on vous trompe vous-même. »

En effet, quelques statuettes, qu'on tenait plutôt pour des œuvres d'art que pour des emblèmes religieux, avaient, comme autrefois le trésor d'Achan, été épargnées à l'insu du préfet et de son fils. On les livra, et dès qu'elles eurent été détruites, Chromace fut subitement délivré de ses souffrances.

Non-seulement il se convertit, comme il l'avait promis, mais les yeux de Tiburce se dessillèrent soudain ; le fougueux jeune homme devint un fervent chrétien. Il souffrit glorieusement le martyre, et mérita, par la renommée de ses vertus et l'éclat de sa mort, de donner son nom à une des catacombes [1].

La conversion du père et du fils fut suivie de toute leur maison, composée de quatorze cents esclaves, auxquels ils donnèrent la liberté, disant que ceux qui avaient Dieu pour père ne devaient pas être esclaves des hommes.

Ne voulant plus remplir une charge dont le devoir le conduirait chaque jour au pied des

---

[1] Pressé de fuir la persécution, l'héroïque jeune homme obtint, à force de supplications, la permission de rester à Rome pour assister et encourager les chrétiens persécutés, office que ses relations au palais de l'empereur et surtout son courage et

autels des faux dieux, Chromace envoya sa démission à l'empereur, et quittant Rome, il alla fonder, dans sa villa de la campagne, une sorte de colonie chrétienne, composée de ses anciens esclaves et de la majeure partie des nouveaux convertis de Sébastien.

Sur ces entrefaites, la persécution redoubla de rigueur; à Rome, les chrétiens en arrivèrent à ne pouvoir ni vendre ni acheter, ni même prendre leurs repas, attendu qu'avant de faire aucun de ces actes, il fallait encenser publiquement les statues des dieux, que Maximien avait pour cela fait dresser dans tous les marchés, sur toutes les places, en un mot dans tous les lieux publics. Il n'y avait donc plus de milieu entre ces deux alternatives : apostasier ou marcher à la mort. Or, comme parmi les fidèles il y avait des malades et quelques caractères irrésolus dont on ne voulait point exposer la faiblesse, il fut décidé qu'on les ferait sortir de la ville et qu'on les enverrait à Chromace, afin qu'il les mît dans ses granges et ses métairies, et qu'il y prît soin de leur subsistance. Ceci se

---

son activité lui permettaient de remplir avec fruit. Il rendit en effet de grands services à la sainte cause du Christ, et reçut pour récompense la palme du martyre.

fit sur l'avis et par l'ordre de saint Caïus, alors souverain pontife.

Parmi ceux qui demeurèrent, et qui dès-lors se trouvèrent sans cesse exposés à la mort *comme des agneaux à la boucherie*, se trouvait l'invincible capitaine des gardes, le glorieux Sébastien, auquel le Pape donna solennellement le titre de *défenseur de la foi*, titre sublime que le Saint-Siége n'avait encore donné à personne.

Marc et Marcellin, saintement avides de couronner leur sacrifice, demeurèrent aussi sur le champ de combat. Fabien, le nouveau préfet, fit exécuter la sentence de mort portée contre eux : ils furent cloués par les pieds à un poteau ; ce tourment, qui se transforma en une lente agonie, ne put leur arracher ni une plainte ni un gémissement. Ils passèrent ainsi un jour et une nuit uniquement occupés à chanter les louanges de Dieu. Les bourreaux, fatigués d'attendre leur mort, les achevèrent à coups de lance.

III

Comme le tigre que la vue du sang excite et

altère, les persécuteurs redoublaient de fureur et d'audace à mesure que s'accroissait le nombre des victimes. Un grand nombre de fidèles réunis dans la villa de Chromace avaient tour à tour succombé.

Ce fut d'abord Zoé, qui, surprise par une troupe de païens et conduite en présence du juge, confessa courageusement le Christ et fut suspendue la tête en bas sur un foyer dont la fumée l'étouffa.

Son mari, et avec lui trois autres chrétiens, ayant été pris vers le même temps, fut torturé à diverses reprises et enfin décapité.

Tranquillin, saintement jaloux de la gloire et du bonheur de Zoé et de Nicostrate, alla prier publiquement au tombeau de saint Paul. On le saisit et on le lapida sur l'heure.

Tiburce enfin, ce même fils de Chromace qui avait fait une si vive opposition à la destruction des idoles de son père, dépassant maintenant celui-ci en zèle et en aspirations ardentes vers les joies du ciel, obtint la couronne qui devait lui en ouvrir les portes.

Sébastien s'agitait au milieu de ces massacres, non comme un constructeur qui voit l'édifice dont il a cimenté les bases près d'être renversé par la tempête, mais comme un général qui poursuit avec opiniâtreté une victoire décisive sans se laisser arrêter par les combats partiels qui se produisent sur sa route.

Aussi bien chacun des frères qui tombaient autour de lui était-il un lien de moins qui le retenait à la terre et un anneau de plus qui l'unissait au ciel.

Parfois il allait s'asseoir solitaire en quelqu'un des lieux qu'avait sanctifiés la présence des pieux confesseurs, et là il méditait sur son propre avenir. La grâce du martyre dilatait son cœur, et il aspirait avec une certitude pleine de sérénité à l'heure bénie qui lui en assurerait la palme. Ses préparatifs étaient faits : tout ce qu'il possédait, il l'avait distribué aux pauvres, et une vente, en mettant ses propriétés à l'abri de la confiscation, en avait assuré la valeur à la communauté chrétienne.

Le généreux soldat attendait donc avec impatience que l'arène du combat s'ouvrît sur lui ; toutefois, se sachant utile à ses frères, il ne faisait rien pour avancer l'heure du triomphe. La Providence combla enfin ses désirs.

Accusé devant l'empereur, au lieu de se

défendre, le vaillant capitaine des gardes confirma l'accusation.

« Oui, prince, dit-il, je suis chrétien et je m'en glorifie. »

Maximien, soldat habile, mais grossier et sans éducation, pouvait à peine, disent les historiens, s'exprimer convenablement en latin quand il était de sang froid. Quand il était agité par de fortes émotions, son langage se composait de phrases décousues et triviales, émaillées de sourdes exclamations et de grossières épithètes.

C'est dans ce langage confus et violent que, s'adressant au héros, il s'écria :

« T'ai-je donc comblé d'honneurs et élevé au rang où tu es, pour que, vivant à ma cour comme chrétien, tu me fusses infidèle ? Encore, comme si ce n'était point assez de me trahir, faut-il que tu provoques l'indignation des dieux contre Rome et contre moi ?

— Seigneur, répondit d'un ton respectueux Sébastien, j'ai toujours été fort affectionné à votre salut et à celui de l'empire, et je l'ai toujours instamment recommandé au vrai Dieu, qui est le souverain créateur et conservateur du ciel et de la terre. »

L'empereur interrompit par une véritable bordée d'injures.

« Comment se fait-il, s'écria-t-il en terminant, que je sois encore au nombre des vivants, après avoir si longtemps nourri dans mon sein une vipère, un scorpion, un lâche et méchant démon ?... »

Le soldat chrétien soutint cette attaque avec cette mâle intrépidité qu'il avait si souvent montrée en présence des ennemis de l'empire. Quand Maximien, épuisé par la violence de son langage, se tut enfin, il prit la parole en ces termes :

« Vos ennemis, seigneur, non plus que ceux de Rome, ne sont point parmi les chrétiens. Bien loin de prêcher la révolte, l'Evangile enseigne le respect dû à toute autorité légitime. Ecartez-donc les funestes préjugés qui vous aveuglent; et si vous voulez avoir autour de vous des hommes disposés à répandre jusqu'à la dernière goutte de leur sang à votre service, allez dans les prisons, et prenez les chrétiens gisants sur le sol, les entraves aux pieds et attachés aux anneaux de fer des murailles; allez dans les tribunaux, et enlevez les confesseurs mutilés de dessus les chevalets ou les grils fumants; expédiez des ordres aux amphithéâtres, afin qu'on arrache les victimes à la dent des bêtes fauves. Veillez à ce que ces hommes, affaiblis, mutilés, se rétablissent; ensuite mettez-leur des armes à la main, et confiez-leur la garde de votre personne, la défense de l'Etat. Vous verrez, seigneur, ces hommes, si longtemps poursuivis, torturés, se montrer plus fidèles, plus loyaux, plus intrépides que vos légions de Daces et de Pannoniens. Vous les verrez prodiguer pour vous le reste du sang et des forces dont vous leur avez pris une partie.

— J'aimerais mieux, interrompit Maximien, m'entourer de loups et de tigres que de chrétiens! Ta trahison prouve surabondamment contre eux.

— Qu'appelez-vous trahison? n'avais-je point accès facile auprès de vous, et en ai-je jamais abusé?

— Du moins es-tu un hypocrite et un lâche qui cache ta croyance par calcul d'ambition ou par peur de la mort. »

Sébastien répondit à cette accusation par un radieux sourire. Jetant loin de lui son épée qu'il avait conservée, il fit quelques pas vers l'empereur, et les mains croisées sur sa poitrine, il dit d'une voix claire et ferme, qui vibra comme un écho surnaturel dans tous les cœurs :

« Ma seule ambition est au ciel; et quant à la mort, Dieu seul sait avec quelle ardeur je l'invoque, afin de voir mes liens terrestres se briser et rendre à mon âme la liberté de remonter vers son Créateur et son Maître. »

Maximien, lui aussi, sourit! mais de quel sourire?

« Tu seras satisfait, dit-il avec un ricanement cruel, oui, tu vas mourir; mais afin qu'on sache à quoi s'en tenir sur la constance du chrétien dans la douleur, tes heures, qui sont comptées, s'écouleront dans une lente agonie; tu verras la mort arriver pas à pas et tourner comme à plaisir autour de toi avant de te saisir. Tu apprendras ainsi qu'on ne se joue pas en vain de la confiance des Maîtres du monde. »

Et Maximien, faisant appeler le chef de cette légion de Daces auxquels Sébastien avait fait allusion, donna lui-même ses ordres au barbare.

Cependant la popularité dont Sébastien jouissait dans l'armée était telle, qu'il était à craindre que son exécution ne donnât lieu à quelque soulèvement, surtout si elle était accompagnée de ce raffinement de cruauté qu'avait résolu la vengeance de Maximien contre ce qu'il appelait la trahison des plus fidèles de ses officiers.

Il commanda donc que l'exécution eût lieu dans une des cours intérieures du palais, et qu'une inscription attachée au poteau du supplice indiquât que le capitaine des gardes était condamné uniquement à cause de son titre de chrétien.

Aussitôt, suivant à la lettre les volontés de l'empereur, le chef barbare fit attacher Sébastien à un arbre, et les archers daces eurent ordre de le cribler de leurs flèches, en ayant soin de ne viser ni au cœur ni à la tête, afin que la mort n'arrivât que lentement.

Le martyr servit ainsi, pendant plusieurs heures, de cible vivante aux barbares; enfin, criblé de flèches, couvert de sang, affaissé et ne respirant plus, il fut laissé pour mort. Mais le Seigneur, qui destinait à son serviteur une double couronne, avait conservé dans ce corps inerte et sanglant l'étincelle sacrée de la vie. Dépourvu en apparence de toute connaissance, le saint, tout consolé des faveurs divines et soutenu par les flammes vivifiantes de la charité, faisait à Dieu un holocauste de toutes ses puissances et de tout lui-même. Il sentait ses souffrances non pour être accablé par leur violence, mais pour les unir à celles du Sauveur sur la croix et offrir son sang avec le sang divin en expiation pour les péchés et les erreurs du monde.

« Pardonnez-leur, disait-il avec le doux Jésus, pardonnez-leur, ils ne savent ce qu'ils font ; pardonnez-leur, et ouvrez leurs yeux à la lumière. »

Qui peut dire les fruits de grâce et de bénédiction produits par ce sang lentement versé, par cette acceptation héroïque d'indicibles tourments ? qui mesurera l'abondance de la moisson qu'a fécondée le sang des martyrs ?

IV

Cependant la nuit est venue, et le corps du martyr gît tout sanglant au pied de l'arbre qui a prêté son ombre et son appui à son supplice. Une sainte femme, nommée Irène, veuve de Catulus, un des convertis de la troupe de Chromace qui avait cueilli la palme des confesseurs quelque temps auparavant, sortant avec de grandes précautions du palais où elle occupait encore l'appartement attribué autrefois à son mari, vient avec quelques esclaves fidèles pour enlever les restes vénérés de Sébastien et leur procurer une sépulture chrétienne.

Penchée sur la sainte victime, elle écarte d'une main tremblante les cheveux qui couvrent son visage; elle contemple ses traits et s'étonne que la vie paraisse ne s'en être point retirée. Tout émue, elle interroge le cœur et le pouls du martyr. Est-ce une illusion? la poitrine a conservé sa chaleur, et la main semble répondre par un mouvement imperceptible à la pression de celle d'Irène.

Au lieu de faire emporter le corps aux catacombes, où les fidèles l'attendent pour lui rendre les honneurs dus à un soldat du Christ tombé au chant d'honneur de la foi, Irène, à la faveur des ombres de la nuit, et grâce surtout à l'absence de l'empereur parti la veille pour son palais préféré de Latran, se hasarde à le faire entrer au palais même et déposer dans son appartement; puis elle se hâte d'envoyer annoncer aux chrétiens la nouvelle de cette miraculeuse résurrection.

Les chrétiens s'empressent d'envoyer à la pieuse hôtesse du saint confesseur un médecin habile qui, par l'examen du corps, reconnaît que les précautions prises par l'empereur pour prolonger et rendre plus douloureux le supplice de Sébastien ont eu pour résultat d'épargner sa vie. Aucune des blessures, en effet, n'était mortelle; pas une seule flèche n'avait atteint les organes de la vie; mais la perte du sang avait été si grande, que des semaines devaient s'écouler avant que les forces du martyr lui permissent de quitter Rome. Les chrétiens pensèrent qu'il était mieux caché dans le palais même que partout ailleurs, et Irène se chargea avec joie de le garder en sa demeure et de lui prodiguer ses soins.

Les chrétiens venaient tour à tour contempler et vénérer ses glorieuses blessures, et tous s'accordaient à le supplier de faire ses préparatifs pour s'éloigner aussitôt que sa santé le lui permettrait, afin, disaient-ils, de conserver, pour la consacrer à répandre le règne de Dieu sur la terre, une vie qui avait été si miraculeusement sauvegardée.

Mais le généreux athlète, tout en aspirant à la gloire de se dévouer au salut des âmes, était loin de songer à suivre ce conseil. Animé de l'esprit de Dieu et pressé par la soif du martyre, il résolut, non plus de se cacher pour travailler dans l'ombre à l'œuvre de Dieu, mais de frapper publiquement un coup décisif.

Un jour que l'empereur devait se rendre en grand cortége à une cérémonie publique,

» J'ai gagné, dit Sébastien à Irène qui voulait le retenir, j'ai gagné un des plus précieux priviléges du martyr, celui de parler hardiment aux persécuteurs ; je dois et je veux en user. »

Et allant se placer sur le chemin que devait suivre le cortége, il attendit le passage de l'empereur.

Maximien, dans toute la pompe dont avaient coutume de s'entourer les Césars, descendait l'escalier de marbre du Palatin. S'arrêtant à chaque marche pour contempler la foule prosternée en quelque sorte à ses pieds, il savourait l'orgueilleuse ivresse de se sentir le maître de cette multitude, le maître de cette cité puissante qui elle-même était la souveraine et la maîtresse du monde.

Soudain son front rayonnant d'orgueil se voile d'une ombre menaçante ; il fait un mouvement en arrière, puis s'arrête immobile : une apparition foudroyante vient de se dresser devant lui.

Mais, passant sa main sur son front pour chasser la vision importune, il se dit qu'il est le jouet d'une hallucination, et, se reprenant à sourire, il veut passer outre.

Cette fois ce n'est plus une image terrible qui l'arrête, c'est une voix plus terrible encore.

« Maximien ! » dit cette voix sur le ton du commandement.

Maximien, éperdu, réunit toutes ses forces pour ne point prononcer, sans trahir son émotion, une interrogation pleine d'anxieté.

« Qui es-tu, toi qui oses ainsi interpeller ton empereur?

— Qui je suis? regarde. »

Et une ombre humaine se détachant de la colonne qui jusqu'alors lui a servi d'abri et de soutien, fait quelques pas en avant. C'est Sébastien, pâle, amaigri, dont les traits presque idéalisés ont une expression ineffable de calme et d'autorité.

« Les morts sortent-ils donc de leur sépulcre? s'écrie Maximien.

— Non, ce n'est point du sépulcre que sortent ces paroles que tu vas entendre, ô prince, c'est du ciel qu'elles descendent. Ecoute-les donc, ces paroles de vie, pendant qu'il en est temps encore. Les pontifes des dieux que tu adores t'abusent et conduisent Rome à sa ruine. Ils inventent mille accusations contre les chrétiens, qu'ils disent être ennemis de l'empire, tandis que ce sont les chrétiens, au contraire, qui le maintiennent par les prières qu'ils font pour sa conservation. »

Par un violent effort de volonté, l'empereur avait repris ses esprits.

« Es-tu vraiment ce Sébastien que j'avais commandé qu'on mît à mort ? » demanda-t-il.

Et avant que Sébastien pût répondre, il ajouta comme se parlant à lui-même :

« Comment se fait-il que tu sois encore vivant ?

— Parce que Jésus-Christ, mon Seigneur et mon Dieu, a voulu conserver ma vie, afin de donner à tout le peuple un témoignage de la vérité de sa foi et de ta cruauté. O vous tous qui persécutez sans sujet les chrétiens, rentrez en vous-mêmes, et si vous voulez vivre, ne répandez plus le sang des innocents ! »

L'empereur, convaincu par les paroles du saint qu'il avait affaire à un vivant et non à une ombre courroucée, s'abandonna à toute la violence de sa nature.

« Si tu as échappé une première fois à la mort, s'écria-t-il, cette fois les bourreaux ne te manqueront pas plus qu'ils ne te feront attendre. »

Et séance tenante il ordonna que le soldat du Christ fût frappé de verges jusqu'à ce qu'il rendît l'esprit. Les licteurs de l'escorte, ainsi transformés en bourreaux, obéirent immédiatement. Avant que l'empereur se fût éloigné, les cieux s'ouvraient pour recevoir le glorieux triomphateur.

Ceci se passait le 20 janvier de l'an 286.

Avant de s'éloigner, le tyran défendit de jeter le corps dans le Tibre.

« Attachez-lui aux pieds des poids considérables, dit-il, et précipitez-le dans le cloaque pour y pourrir ou y servir de pâture aux rats. Là, du moins, les chrétiens n'iront pas le chercher. »

Ce commandement fut exécuté ; mais le Dieu tout puissant, qui a dit par la voix de son prophète « les désirs des impies périront, » se chargea de déjouer les calculs du persécuteur de son Eglise. Le cloaque ne reçut les restes précieux du martyr que pour les mettre à l'abri des fureurs des païens et les rendre intacts à la vénération des fidèles.

La nuit suivante, le bienheureux martyr

apparut à une sainte femme nommée Lucine, et lui révéla où était son corps et comment il était demeuré attaché et suspendu à un crochet sans tomber dans le lieu infect où on avait voulu l'ensevelir. Il ajouta que la volonté du divin Maître était qu'on l'enterrât aux catacombes, à l'entrée du souterrain, et aux pieds des apôtres saint Pierre et saint Paul[1].

La pieuse Lucine suivit de point en point les ordres que lui avait donnés le saint; elle passa trente jours en prières au lieu où elle avait enseveli le saint corps; et lorsqu'il plut à Notre-Seigneur de rendre la paix à l'Eglise son épouse, elle fit de sa maison un sanctuaire, et laissa tous ses biens, qui étaient considérables, à l'Eglise et aux pauvres.

V

Le double martyre de Sébastien, joint à l'éclat de la position qu'il avait occupée à la

---

[1] Le cimetière où furent déposées les reliques du saint, anciennement celui de Calixte, porte depuis longtemps le nom de catacombes de saint Sébastien.

cour des empereurs, et à celui plus vif encore des services qu'il avait rendus à l'Eglise de Jésus-Christ, lui acquit, dès le moment même de sa mort, une place éminente dans la reconnaissance et la vénération des fidèles. On conçoit combien ces sentiments durent s'accroître au lieu de s'affaiblir, lorsque des miracles nombreux vinrent en quelque sorte leur donner la sanction de Dieu lui-même.

Les grâces de toute sorte obtenues sur son tombeau furent, sous le pontificat du pape Agathon, couronnées par un de ces prodiges qui font éclater tout à la fois et l'étendue de la miséricorde divine et la puissance de l'intercession des saints. Rome était décimée par la peste ; le Seigneur semblait avoir détourné son regard de la misère de son peuple, lorsque, par une inspiration divine, le souverain Pontife fit dresser un autel à saint Sébastien. Aussitôt la peste cessa.

Depuis cette époque plusieurs autres villes ont éprouvé la même assistance en des occasions semblables, et saint Sébastien est devenu le protecteur des lieux affligés par toute espèce de maladies contagieuses, ainsi qu'on en trouve le témoignage dans toutes les traditions de l'univers catholique et que le constate l'office même du saint.

Mais la plus grande gloire de l'illustre martyr est d'avoir été choisi pour servir de patron, avec saint Maurice et saint Georges, aux défenseurs de la sainte Eglise en particulier et en général à tous les soldats chrétiens [1].

Quel plus beau modèle peut être offert aux soldats chrétiens, que ce capitaine des gardes des empereurs païens, qui, tout en versant son sang au service des princes de la terre, savait demeurer fidèle au Roi des cieux et garder son cœur pur de toute souillure au milieu des enivrements et des vices d'une cour païenne! quelle réponse plus éloquente peut être faite à ceux qui disent que la dévotion est incompatible avec l'état militaire ?

On ne connaît pas, on ne lit pas assez la vie des saints ; de là, cette foule de préjugés répandus dans le monde, cette fausse appréciation de la sainteté, qu'on place dans les actes héroïques et exceptionnels, tandis qu'elle est produite surtout par la fidélité à remplir les devoirs de son état.

---

[1] Voir l'ordo romain et le cardinal Baronius.

Il suffirait de parcourir le martyrologe de la période où vécut saint Sébastien, pour reconnaître que toutes les conditions de la vie, que tous les âges peuvent être sanctifiés. On y verrait des femmes, des enfants, allier la piété à la faiblesse de leur sexe et de leur âge, et mériter par là de s'élever jusqu'à l'héroïsme à l'heure de la lutte ; on y verrait des hommes élevés en dignités et célèbres par leur courage illustrer ces dignités et rehausser ce courage par leurs vertus, et se montrer d'autant plus dévoués à leurs princes et exacts à remplir leurs devoirs, qu'ils voyaient dans ces princes une vivante image de l'autorité de Dieu même, et dans ces devoirs un moyen de conquérir le ciel après avoir édifié la terre.

Quel mobile plus puissant que le sentiment chrétien pourrait d'ailleurs inspirer les qualités qui font le bon soldat, le respect de l'autorité, l'esprit d'obéissance et de discipline, la volonté de braver les fatigues, de renverser les obstacles à force de patience, la persévérance, l'énergie morale, enfin le mépris du danger et de la mort, soit qu'il s'agisse de servir la patrie et l'humanité, soit qu'il faille descendre dans l'arène du martyre.

Tels furent Sébastien et ses vaillants émules dans les armées romaines ; tels sont les soldats chrétiens qui, après les avoir choisis pour patrons, s'efforcent de les prendre pour modèles.

L'église bâtie par le pape Damase à l'entrée des catacombes de saint Sébastien est une de celles que l'on visite à Rome avec une dévotion toute particulière. Un magnifique tombeau en marbre blanc, sur lequel le saint percé de flèches est couché, occupe une des chapelles latérales.

Quant aux reliques du saint, la translation la plus importante est celle dont fut enrichie l'Eglise de France sous Louis le Débonnaire. Ce prince ayant obtenu du pape Eugène II l'autorisation de faire transporter à l'abbaye de Saint-Médard de Soissons ce qui restait du corps de saint Sébastien dans les catacombes hors la ville de Rome, ce riche trésor fut reçu et placé solennellement dans la célèbre abbaye par l'évêque Rothade le 9 décembre 826.

Pendant les guerres de religion, la châsse qui contenait les reliques fut pillée, et les reliques jetées dans les fossés de l'abbaye; toutefois la piété de quelques courageux fidèles en recueillit une partie, ainsi que de celles de saint Grégoire pape et de saint Médard, qui se trouvèrent mêlées, et furent réparties ensuite entre l'église de Notre-Dame de Soissons et celle de l'abbaye. Pillées et dispersées une seconde fois en 1792, elles furent définitivement déposées à Notre-Dame de Moret (diocèse de Meaux), où les fidèles qui ont le bonheur de pouvoir aller les vénérer, obtiennent par l'intercession du saint des grâces signalées.

FIN

A LA MÊME LIBRAIRIE

ET CHEZ LES PRINCIPAUX LIBRAIRES

☞ En envoyant le prix en un mandat de la poste ou en timbres-poste, on recevra *franco à domicile*.

Série grand in-8°
à 4 fr. le volume.

Aymar ; par Marie Emery.
Fastes (les) militaires de la France ; par A. S. de Doncourt.
Histoire anecdotique des fêtes et jeux populaires au moyen-âge ; par Mlle Amory de Langerack.
Itinéraire de Paris à Jérusalem ; par Chateaubriand ; édition revue par M. de Cadoudal.
Martyrs (les) ; par Chateaubriand ; édition revue par le même.
Perles de la littérature contemporaine ; par Mme de Gaulle.
Récits du foyer ; par Mme Bourdon.
Récits d'un bon oncle, sur l'Europe, l'Asie, l'Afrique, l'Amérique et l'Océanie, imités de l'anglais ; par Mme de Montanclos ; ornés de 25 *vignettes*.
Souvenirs d'histoire et de littérature ; par M. Poujoulat.
Une Visite à chacun ; par A. E. de l'Etoile.

Série in-8° (de 600 pages environ).
à 4 fr. 50 le volume.

Catéchisme (le) en exemples.
Château (le) de Bois-le-Brun, et Laure de Cernan, suite du *Château de Bois-le-Brun* ; par S. Bigot.
Histoire de la vie de N.-S. Jésus-Christ ; par le P. de Ligny ; suivie d'un précis des Actes des apôtres.
Souvenirs de voyage : la Suisse, le Piémont, Rome, Naples, toute l'Italie ; par Mme la comtesse de la Grandville.
Triomphe (le) de l'Evangile ; traduit de l'espagnol, par Buynand des Echelles.

1re série in-8° à 2 fr. 50 le volume.

Auvergne (Mgr) : ses voyages au mont Liban, au Sinaï, à Rome, etc.
Château (le) de Bois-le-Brun ; par S. Bigot.

Chine (la) et la Cochinchine; par J. J. E. Roy.
Christianisme (le) au Japon; par M. le comte de Lambel.
Constantinople, depuis Constantin jusqu'à nos jours; par M. de Montrond.
Dieu, le Christ, son Eglise, ses Sacrements; par M. l'abbé Petit.
Dorsigny (les), ou Deux Educations; par S. Bigot.
Études et Portraits; par M. Poujoulat.
Fleurs des Martyrs au XIX° siècle; Chine et Cochinchine; par A. S. de Doncourt.
Gerbert, archevêque de Reims, pape sous le nom de Sylvestre II; sa vie et ses écrits; par M. l'abbé Loupot.
Hincmar, archevêque de Reims; sa vie, ses œuvres, son influence; par le même.
Lacordaire (le P.); par M. de Montrond.
Laure de Cernan; par l'auteur du *Château de Bois-le-Brun*.
Musiciens (les) les plus célèbres; par M. de Montrond.
Naples : histoire, monuments, littérature. L. L. F.
Poètes les plus célèbres : français, italiens, anglais, espagnols.
Prélats (les) les plus illustres de la France; par M. de Montrond.
Saint Ambroise; sa vie et extraits de ses écrits.
Saint Athanase; sa vie et extraits de ses écrits.
Saint Augustin; sa vie et extraits de ses écrits.
Saint Basile; sa vie et extraits de ses écrits.
Saint Bernard; sa vie et extraits de ses écrits.
Saint Cyprien; sa vie et extraits de ses écrits.
Saint Grégoire de Nazianze; sa vie et extraits de ses écrits.
Saint Jean Chrysostôme; sa vie et extraits de ses écrits.
Saint Laurent, diacre et martyr, par M. l'abbé Labosse. 4 *grav.*
Saint Martin, évêque de Tours; par M. de Montrond.
Savants (les) les plus célèbres; par le même.
Sicile (la) : souvenirs, récits et légendes; par M. l'abbé V. Postel.
Syrie (la) en 1860 et 1861 : massacres du Liban et de Damas, et expédition française; par M. l'abbé Jobin.
Variétés littéraires; par M. Poujoulat.
Vendeville (Mgr), évêque de Tournai; par le P. Possoz.
Vie de saint Eloi, évêque de Noyon et de Tournai; par saint Ouen, traduite et annotée par M. l'abbé Parenty.
Wiseman (le cardinal) : étude biographique; par de Montrond.

A LA MÊME LIBRAIRIE 69

2ᵉ série in-8º à 1 fr. 50 le volume.

A travers l'Océanie, par Mᵐᵉ la comtesse Drohojowska.
Bon (le) Conseiller; avis, maximes, etc.; par l'abbé Petitpoisson.
Conquêtes du Christianisme en Asie, en Afrique, en Amérique et en Océanie, par C. Guénot.
Dom Léo, ou le Pouvoir de l'amitié; par E. S. Drieude.
Edmour et Arthur; par le même.
Épreuves de la piété filiale; par le même.
Ère (l') des Martyrs; par M. l'abbé de Saint-Vincent.
Europe (l') chrétienne; par C. Guénot.
Fleurs des Martyrs au xixᵉ siècle : Corée; par A. S. de Doncourt.
Guerre (la) de cent ans, entre la France et l'Angleterre; par A. de la Porte.
Guerre du Mexique, 1861-1867; par M. L. Le Saint.
Histoire de la Tour-d'Auvergne, 1ᵉʳ grenadier de France; par A. Buhot de Kersers.
Histoire des empereurs romains, par Boissart.
Journal de Clotilde; par Mˡˡᵉ S. Wanham.
Lieux (les) saints; par Mgr Maupoint, évêque de Saint-Denis.
Lorenzo, ou l'Empire de la religion; par E. S. Drieude.
Mardis (les) de Marguerite; par Marie Emery.
Marie Stuart, reine de France et d'Ecosse; par A. Laurent.
Martyrs (les) du Japon; par M. de Montrond.
Mendiante (la) de Saint-Eustache; par Mᵐᵉ C. Breton.
Page (le) du comte de Flandre; par M. Barbé.
Rosario, histoire espagnole; par E. S. Drieude.
Sanctuaires (les) les plus célèbres de la sainte Vierge en France; par M. de Gaulle. (Première partie.)
Sanctuaires (les) les plus célèbres de la sainte Vierge en France; par le même. (Deuxième partie.)
Scènes de la vie des animaux; par M. P.
Solitaires (les) d'Isola Doma; par E. S. Drieude.
Une Guerre de famille; par Marie Emery.

3ᵉ série in-8º à 1 fr. 25 le volume.

Algérie (l') chrétienne, par A. Egron.
Algérie (l'); promenade historique et topographique; par le Dʳ F. Andry.

Amicie ; par Marie Emery.
Apôtre (l') de la charité : vie de saint Vincent de Paul.
Armand Renty ; par J. Aymard.
Bruno, ou la Victoire sur soi-même; par Mme de Gaulle.
Croisé (le) de Tortona; par C. Guénot.
Deux (les) Amis ; par S. Bigot.
Devoir et Vertu, ou les Forges de Buzançais.
Dévouement d'une jeune fille ; par Mme Beaujard.
Émeraude (l') de Berthe ; par M. Ange Vigne.
Enfant (l') de l'hospice; par Marie de Bray.
Ermitage (l') de Saint-Didier; par H. Lebon.
Exemples (les) traçant le chemin de la vertu.
Ferme (la) de Valcomble.
Fernand Delcourt ; par S. Bigot.
Fleurs printanières; par M. de Montrond.
Fourier de Mattaincourt (le Br); par M. le comte de Lambel.
Frère (le) et la Sœur; par F. Villars.
Germaine Cousin (sainte); par M. de Montrond.
Ile (l') des Naucléas ; par Mme Grandsard.
Jeanne d'Arc : récit d'un preux chevalier; par M. de Montrond.
Lequel des deux ? par S. Bigot.
Mémoires d'une orpheline ; par Marie Emery.
Mes Paillettes d'or; par M. de Montrond.
Nègres (les) de la Louisiane ; par Marie Emery.
Où se trouve le bonheur? par A. S. de Doncourt.
Pitcairn, ou les Suites d'une révolte ; histoire maritime ; par M. de Gaulle.
Récits héroïques, ou les Soldats martyrs; par Mme Drohojowska.
Récits historiques et dramatiques; par Marie Emery.
Récits tirés du Nouveau Testament, ornés de 16 *vignettes*.
René, ou la Véritable Source du bonheur; par J. Aymard.
Roi (le) de Bourges; par J. P. des Vaulx.
Trois (les) Berthe ; par M. P. Jouhanneaud.
Une Maîtresse d'école; par Aymé Cécyl.

4e série in-8° à 1 fr. le volume.

Amanda de Fitz-Owald ; par Mlle Brun.
Amis (les) du pauvre ; par C. d'Eulnoy.

Amitié, ou Fortune, Intelligence et Force; par Marie Emery.
Bonheur d'une famille chrétienne; par H. Prévault.
Charité (la) en action; par Mme Bourdon.
Croix (la) d'or; par M. Mestivier.
Dangers (les) d'une amitié trompeuse; par Mme de Chabannes.
Daniel Rigollot; le Presbytère, la Ferme et le Château.
Edma, ou le Triomphe de la charité; par Mlle Brun.
Elisabeth et Emilie; par Mme Farrenc.
Famille (la) heureuse; par H. Prévault.
Famille (la) irlandaise, ouvrage imité de l'anglais.
Fortune et Adversité; par M. Brasseur.
Georges, ou le Bon Usage des richesses.
Honneur (l') d'un père; par Marie Emery.
Joies (les) de la famille; par Mlle Brun.
Legs (le) du sergent; par Adrienne Depuichault.
Lina, ou l'Orpheline de Magdebourg; par le vicomte de la Morre.
Marie Eustelle; par Mme de Gaulle.
Miséricorde et Providence : vie de Mlle de Lamourous.
Modèle des jeunes gens; par l'abbé Proyart.
Papes (les) en exil; par Ch. Clair.
Parfums (les) de la vie; par A. S. de Doucourt.
Père (le) des malheureux; par J. Aymard.
Prisonnier (le) de Russie; par T. Perrin.
Récits du soir; par M. Mahon de Monaghan.
Saint François Xavier, apôtre des Indes; par J. Aymard.
Sous la tente d'un casino; par M. de Montrond.
Souvenirs de deux marins; par L. Le Saint.
Un Ange consolateur; par H. Prévault.
Un Atelier du faubourg Saint-Antoine; par l'abbé de St-Vincent.
Une Bonne Réputation; par Marie Emery.
Une Croisade au xixe siècle; par C. d'Aulnoy.
Véritable (la) Sagesse, ou les Sept Dons du Saint-Esprit.

— LILLE. TYP. J. LEFORT. MDCCCLXI. —

28

www.ingramcontent.com/pod-product-compliance
Lightning Source LLC
LaVergne TN
LVHW020959090426
835512LV00009B/1964